KÖRPERSPRACHE

und

MIKROMIMIK

Körpersprache und Mikromimik
Erfolgreiche Deutung von Gestik und nonverbalen Signalen
1. Auflage
Copyright © 2014 Benedikt Ahlfeld
www.ZHI.at

ISBN: 978-3-7357-3829-5

Bibliografische Information der Deutschen Nationalbibliothek: Die Deutsche Nationalbibliothek verzeichnet diese Publikation in der Deutschen Nationalbibliografie; detaillierte bibliografische Daten sind im Internet über http://dnb.d-nb.de abrufbar

Hinweis
Die Ratschläge und Informationen in diesem Buch sind von den Autoren sorgfältig erwogen und geprüft, dennoch kann eine Garantie für die inhaltliche Richtigkeit nicht übernommen werden. Eine Haftung der Autoren bzw. des Verlages und seiner Beauftragten für Personen-, Sach- und Vermögensschäden ist ausgeschlossen.

Bildnachweis
Die Fotos der Mikromimik Portraits stammen von:
Sebastian Judtmann, Wien
Visual Memories

Das Autorenportrait stammt von:
Thomas Schwellenbach, München

Alle anderen Fotos stammen von:
Stephan Huger, Wien
Fotostudio Huger, www.studiohuger.at

Wir bedanken uns herzlich bei den Fotomodellen, mit denen wir sehr professionell und freundschaftlich arbeiten durften.

Layout und grafische Gestaltung
Benedikt Ahlfeld
www.ZHI.at

Herstellung und Verlag:
BoD - Books on Demand, Norderstedt

MIX
Papier aus verantwortungsvollen Quellen
Paper from responsible sources
FSC® C105338

Inhaltsverzeichnis

Vorwort

Ob es Ihnen gefällt oder nicht, wer wir heute sind, ist das Produkt einer Evolution, die seit Millionen von Jahren stattfindet. Und sie ist noch lange nicht abgeschlossen: nach wie vor treiben uns vorprogrammierte Mechanismen durch den Strudel des Alltags, während die Informationsüberflutung weiter zunimmt. Niemand – und seien es noch so hochspirituelle Wesen, die unter uns wandeln – bleibt von diesem Kreislauf der natürlichen Weiterentwicklung ausgeschlossen. Mit ihr kamen viele positive Effekte; aber auch negative. Häufig, auch wenn wir es bewusst nicht wahrnehmen oder uns gar dagegen wehren mögen, bestimmen diese unbewussten Mechanismen jedoch unsere Entscheidungen und damit unser Leben. Die Stimuli, die in uns Gefühle wie Freude und Nähe, Wut und Verzweiflung, Liebe oder Hass wecken, sind jedoch längst nicht mehr unerklärliche Geschehnisse.

Vielleicht überrascht es Sie zu lesen, dass seit einiger Zeit eine Debatte von hoher Tragkraft in akademischen Kreisen stattfindet. Es dreht sich dabei um die Frage der Abwesenheit des freien Willens. Dafür gibt es viele Gründe, da in den letzten Jahren durch zig Studien bestätigt wurde, dass unser bewusster Verstand nur *denkt*, er hätte die Kontrolle über unser Handeln. Tatsächlich sieht es jedoch so aus, als würde unser Unterbewusstsein Entscheidungen treffen und unser Verstand rationalisiert diese Handlungen dann so, als wären sie willentlich geschehen. Albert Einstein sagte dazu, basierend auf dem Zitat von Arthur Schopenhauer: *„Ein Mensch kann tun, was er will, aber er kann nicht beeinflussen, was er will."* Ist unser freier Wille also nicht viel mehr als bloße Illusion? Wenn nicht wir selbst die Entscheidungen treffen, wer oder was programmiert uns dann? Eine ganze Industrie hat es sich zum Ziel gesetzt, den Menschen, letzten Endes also Sie, werte Leserin und werter Leser, direkt und zielgerichtet zu beeinflussen. Meist geht es dabei nur um eines: Profit. Sei er nun finanzieller Natur am Beispiel der Werbung, sei es ein politisches Interesse an Ihrer Stimme oder einfach nur der Wunsch Ihres Partners oder Ihrer Partnerin, geliebt zu werden. Sie wissen ganz genau, dass die Manipulation auf allen Ebenen optimiert wurde und weiterhin perfektioniert wird. Doch an dem persönlichen Bedürfnis eines Menschen, mehr Gutes für sich zu gewinnen und weniger Schlechtes zu behalten, ist an sich nichts verwerflich.

Dieses Buch postuliert keine Verschwörungstheorien, sondern zeigt lediglich praktische Techniken der Beeinflussung auf, damit Sie sich selbst bestmöglich vor Einflüssen schützen können. Es wird - wie so viele andere Ratgeber zu diesem Thema - jedoch *keinen* ethisch-moralischen Kontext suchen. So wie fast alles andere in diesem Leben können Sie schlussendlich selbst entscheiden, welche und wie oft Sie die Methoden in diesem Handbuch nutzen wollen. Das einzige Anliegen, das ich habe, ist, dass Sie von Ihrem Recht frei zu entscheiden auch Gebrauch machen! Ich persönlich bin fest davon überzeugt, dass wir ein selbstbestimmtes Leben führen können, wenn wir uns nur dafür entscheiden. Wie heißt es doch so schön: *„Wer immer der Herde folgt, sieht nur die Ärsche."*

In der Lage zu sein, Körpersprache – und insbesondere die Feinheiten der Mikromimik - zu erkennen und zu lesen, ist eine wichtige Fähigkeit in der heutigen Welt. Diese Fähigkeit zu meistern wird Ihnen nicht nur bei sozialen Anlässen einen großen Vorteil bringen, sondern auch in der Geschäftswelt ist es unabdingbar, diesen Skill auszubauen und anwenden zu können. Daher lassen Sie sich diese wichtigen Informationen lieber nicht entgehen. Also lesen Sie weiter und erfahren Sie mehr über das extrem spannende Thema der Mikro-Ausdrücke.

Und wenn Ihr größtes Anliegen ist, sich vor den Methoden der Manipulation bewusst zu schützen, ist der beste Ansatz, die effektivsten Werkzeuge ebendieser selbst zu erlernen. Mit diesen Methoden verhält es sich nämlich so banal wie mit einem ganz gewöhnlichen Brotmesser: Sie können es nutzen, um Brot zu schneiden und die Armen zu ernähren, oder Sie erstechen damit Ihren besten Freund. Dem Messer ist es egal; es will nur benutzt werden. Ob und wie es verantwortungsbewusst einge-setzt werden kann, obliegt dabei stets der Einschätzung des Menschen, der das Messer hält.

Dennoch möchte ich allen Interessierten und auch den fortgeschrittenen Anwendern effektiver Rhetorik mit diesem Buch ein Werkzeug an die Hand geben, das auch als Nachschlagewerk für praktizierende Coaches, Verkäufer, Manager, Trainer, Therapeuten und alle Menschen, für die Kommunikation in ihrem privaten und beruflichen Alltag eine wichtige Rolle spielt, dienen soll. Vielleicht begleitet Sie ja mein persönlicher Leitsatz, während Sie durch die folgenden Seiten blättern:

„Ein Leben nach eigenem Standard.“

So wünsche ich Ihnen viel Spaß beim Lesen und Erfolg mit Ihren indivi-duellen Zielen. Vielleicht tragen Sie ja dazu bei, diese Welt ein kleines Stück besser zu machen.

Alles Liebe,
Ihr Benedikt Ahlfeld

Einführung

> „Die Welt erwacht mit einem Menschen nach dem anderen."
> **– Lao-Tzu**

Sobald Sie eine Person zum ersten Mal treffen, können Sie sagen, ob Sie diese Person mögen oder nicht. Manchmal liegt es einfach in der physischen Präsenz dieser Person, welche sie einfach von anderen Menschen unterscheidet und dafür sorgt, dass diese Person etwas ganz Einzigartiges ist. Viele Menschen sprechen dann von Intuition, Instinkt oder von dem gut bekannten „Bauchgefühl", doch Wissenschaftler haben nun herausgefunden, dass es etwas anderes ist, das an dieser Stelle eine Rolle spielt und weit über dieses Bauchgefühl hinausgeht, es handelt sich um die sogenannten Mikro-Ausdrücke.

Definition: Mikro-Ausdrücke

Mikro-Ausdrücke sind definiert als kurze und unbewusste Ausdrücke des Gesichts, welche bei allen Menschen gezeigt werden und sich je nach empfundener Emotion unterscheiden. Diese Ausdrücke tauchen vor allem in Situationen auf, in welchen viel auf dem Spiel steht und man entweder einen großen Gewinn oder Verlust machen kann.

Mikro-Ausdrücke tauchen auch auf, wenn die Person versucht, alle ihre Gefühle zu unterdrücken und sie niemandem zu zeigen, oder wenn die Person sich ihrer Gefühle nicht bewusst ist. Wenn dies der Fall ist, wird man aus der Mimik der Person nicht viel herauslesen können, es sei denn man kennt sich mit Mikro-Ausdrücken aus. Diese Reaktionen sind nämlich sehr schwer zu verbergen, im Gegensatz zu den Gesichtsausdrücken, welche unter unserer bewussten Kontrolle stehen.

Insgesamt gibt es 7 unterschiedliche universelle Emotionen:

- Freude

- Wut

- Geringschätzung

- Überraschung

- Ekel

- Trauer

- Angst

Das Gesicht einer Person ist das Medium für die Botschaften der Emotionen. Wenn Personen in der Lage sind, Mikro-Ausdrücke zu erkennen, achten sie auf verschiedene Eigenschaften des Gesichts und erhalten so unterschiedliche Informationen, mit deren Hilfe sie Schlüsse ziehen können. Dabei geht es um Aspekte wie Muskelspannung oder die grundlegende Struktur des momentanen Ausdrucks.

Fältchen, Narben oder eine wettergegerbte Haut können ebenso Informationen liefern, welche helfen können, die momentane Situation zu analysieren. Auch machen solche Eigenschaften (Narben, Falten,...) es einfach, eine Veränderung im Gesicht zu erkennen, - auch wenn diese noch so kein ist.

Auf der anderen Seite sorgen künstliche „Verzierungen" wie Make-Up, Piercings, Tattoos oder Brillen dafür, dass man zwar manche Mikro-Ausdrücke schlechter erkennt, doch auf der anderen Seite bieten diese Dinge wieder eine Möglichkeit zur Informationsaufnahme. Denn die meisten dieser Dinge hat die Person freiwillig hinzugefügt. Was jedoch die meisten Rückschlüsse erlaubt, sind Lächeln, Stirnrunzeln oder ein bestimmter Blick.

Dies sind Veränderungen, die wirklich Information mit sich bringen, wenn es darum geht, die Stimmung einer Person zu interpretieren und zu entscheiden, wie es mit ihren Absichten aussieht. Der Ausdruck des Gesichts repräsentiert die beabsichtigte Intention einer Person und stimmt auch meistens mit dem überein, was die Person durch Worte übermittelt. Doch ab und zu entstehen an dieser Stelle Diskrepanzen und genau das ist der Augenblick, in dem Sie aufmerksam werden sollten.

In den nachfolgenden Kapiteln werden Sie lernen, welche Mikro-Ausdrücke es gibt und wie man diese voneinander unterscheiden kann. Auch hat jeder Ausdruck eine eigene Wichtigkeit und Bedeutung, welche je nach Situation variieren kann.

Das Wichtigste allerdings ist zu lernen, wie man mit Hilfe von Mikro-Ausdrücken Betrug identifizieren kann und so sicherer leben und sich vor Unannehmlichkeiten schützen kann.

Vorteile

Das Lernen der Körpersprache umfasst nicht nur den Punkt, ob jemand Sie anlügt oder nicht. Stattdessen bietet das Verständnis der Körpersprache viele weitere Vorteile, sobald Sie diese Sprache beherrschen. Ganz davon abgesehen ist es sehr spaßig, da alles auf Sie und auf andere Personen angewandt werden kann. Demzufolge ist es wichtig zu wissen, was für Vorteile auf Sie warten, wenn Sie die Körpersprache zu verstehen beginnen.

Wenn Sie Ihre Körpersprache verbessern wollen, sollten Sie über einen normalen Tag nachdenken und versuchen nachzuvollziehen, wann Sie sich auf welche Art verhalten. Der erste Schritt ist es zu erkennen, wie der Status-Quo ist. Sie können erst dann Ihre Körpersprache verbessern, wenn Ihnen bewusst ist, was Sie bisher getan haben. Dann können Sie beginnen, bewusste Entscheidungen zu treffen und so das Image, das andere von Ihnen haben, zu ändern. Natürlich ist ein weiterer Vorteil, dass Sie Ihr Wissen einsetzen und erkennen, was andere wirklich meinen und denken.

Anhand der Körpersprache können Sie gut erkennen, wie es mit der Freundlichkeit und Höflichkeit einer Person aussieht und in welchem Zusammenhang es zu dem steht, was die Person wirklich sagt. Erst wenn Sie die Körpersprache mit einbeziehen, werden Sie in der Lage sein, sich ein komplettes Bild davon zu machen, was die andere Person vorhat. Doch sollten Sie nicht vergessen, dass Körpersprache und Worte zusammenspielen, verlassen Sie sich nie auf nur einen Aspekt allein, analysieren Sie beides, erfassen Sie das große Ganze. Achten Sie auf das gesprochene Wort und auch darauf, was der Körper dazu meint.

Der Kern der Körpersprache

Ein Mensch kann nicht ohne andere Menschen leben, da wir soziale Wesen sind. Eine Kommunikation findet statt, sobald ein Mensch mit einem anderen in Kontakt tritt. Diese Kommunikation vermittelt etwas über die Beziehungen zwischen Menschen. Dabei werden sowohl schriftliche als auch mündliche Wege genutzt, wobei beide Wege die Gedanken einer Person wiedergeben.

Unterbewusste Gesten

Meistens geschieht die Körpersprache völlig unbewusst. Doch diese hat einen immensen Effekt auf das gesprochene Wort. Beachten Sie, dass die Körpersprache in vielen unterschiedlichen Kulturen verschiedene Bedeutungen übermittelt. Der Weg, wie unterschiedliche Personen die Körpersprache interpretieren, hängt stark von ihrer Beziehung zueinander ab und in welcher Situation sie sich befinden. Die Körpersprache ist nicht nur mit dem gesprochenen Wort, sondern auch mit dem gesamten Verhalten einer Person verknüpft.

Gesten der Gefühle

Die Körpersprache ist ein effektives Medium, um anderen Personen Gefühle und Emotionen zu vermitteln. Personen können ihre wahren Gefühle zeigen, indem sie sich ihrer Körpersprache bewusst sind. Die Forschung zeigt, dass die Körpersprache einen großen Teil dessen ausmacht, wie Personen eine andere Person bei der ersten Begegnung einschätzen.

Um einen guten Eindruck zu hinterlassen, muss eine Person kompetent genug sein, die eigene Körpersprache kontrollieren zu können. Dies spielt eine wichtige Rolle bei der Intuition, da die Körpersprache ungesagte Nachrichten übermittelt, die von anderen intuitiv empfangen und ausgewertet werden.

Die benötigten Fähigkeiten, um die Körpersprache zu verstehen

Die Körpersprache einer bestimmten Person kann einfach verstanden werden, wenn Sie die Schritte zu Ihrem Verständnis befolgen. Doch bevor Sie alles über die körperlichen Gesten verstehen, müssen Sie über die benötigten Fähigkeiten verfügen. Diese Fähigkeiten können leicht von Ihnen gelernt werden und werden Ihnen noch nutzen.

Grundlegende Fähigkeiten

Jede Person hat eine eigene Strategie, um zu erfassen, was andere Personen fühlen oder sagen. Aber es ist sehr wichtig, dass Sie über die Fähigkeiten verfügen, um auch all das zu erreichen, was Sie vorgeben zu wissen. Hier sind einige der wichtigsten Fähigkeiten, die Sie beim Verständnis der Körpersprache benötigen:

Sozialkompetenz

Die Sozialkompetenz ist nützlich bei der Beobachtung von Signalen, die andere Personen über ihre Körpersprache aussenden. Einige Menschen lesen diese praktisch wie von selbst, während andere quasi blind dafür sind. Die gute Nachricht ist, dass selbst mit wenig Aufwand die Wahrnehmung und das Verständnis der Körpersprache verbessert werden können, sodass dies sozusagen völlig natürliche Bahnen annimmt.

Gute Kommunikationsfähigkeiten

Um Meister der Mikrogesten werden zu können, sind gute Kommunikationsfähigkeiten ein absolutes Muss. Diese werden bei jeder Beobachtung von verschiedenen Emotionen und deren Bedeutungen angewandt. Diese Fähigkeit wird auch Ihr Selbstvertrauen steigern.

Augenkontakt

Der Augenkontakt wird als wichtiger Bestandteil beim Umgang mit anderen Menschen angesehen – besonders bei der ersten Begegnung. Wird der Augenkontakt gehalten, signalisiert dies Respekt und Interesse an dem, was der Gesprächspartner zu sagen hat. Während 60 bis 70 Prozent des Gespräches sollte der Augenkontakt aufrechterhalten werden. Dabei sollten auch kulturelle Unterschiede beachtet werden, um auf der sicheren Seite zu sein.

Handgesten

Jede Handbewegung bedeutet etwas anderes und demzufolge ist es wichtig, dass Sie verschiedene Bewegungen erlernen, um die von Ihnen gewünschten Emotionen zu vermitteln. Nach unten gehaltene Handinnenflächen deuten auf Aggressivität und Dominanz hin – besonders bei mangelnden Bewegungen, die andere Interpretationen zulassen würden.

Nur eine kleine Änderung Ihrer Körperhaltung kann einen großen Einfluss auf Ihr Umfeld haben. Es gibt sehr hilfreiche Quellen, dank derer Sie erlernen können, die Körpersprache zu verstehen und anzuwenden.

Verstehen, was andere denken

Um gute Gespräche mit anderen führen zu können, sollten beide Gesprächsparteien verstehen, was der jeweils andere auszudrücken versucht. Es ist daher sehr wichtig zu erahnen, was die andere Person denkt, da nur so neue Nachrichten vermittelt werden können. Wenn Sie verstehen können, was Ihr Gegenüber auszudrücken versucht, so werden Sie neue Informationen von Ihrem Gesprächspartner erhalten und entsprechend reagieren können.

Es gibt einige Regeln, welche dabei helfen, andere Personen zu verstehen und emotionale Erregungen, soziale Fehler sowie Konflikte zu vermeiden. Wenn Sie einige dieser Regeln beherrschen, können Sie zumindest Ihre Wahrnehmung erweitern und Ihr Wissen fördern.

Regel 1: Sehen Sie keine Boshaftigkeit in der Einbildung anderer

Sie müssen erkennen, dass sich kaum jemand *wirklich* für den aneren interessiert. Dies bedeutet nicht, dass Sie Ihrem Gesprächspartner egal sind oder er Ihnen gar Böses wünscht, sondern bloß, dass diese Person einfach mit sich selbst beschäftigt ist. Wir selbst nehmen uns einfach wichtiger als es die anderen tun.

Regel 2: Einige Situationen im Sozialverhalten sind undeutlich

Diese Regel besagt, dass die meisten Beweggründe einiger Aktionen im Verborgenen liegen. Wenn eine Person beispielsweise erzürnt oder depressiv ist, kann das Verhalten dieser Person ihre eigentlichen Gefühle verzerren.

Regel 3: Das Verhalten basiert zu großen Teilen auf der Selbstlosigkeit

Es wäre übertrieben zu sagen, dass jeder absolut egoistisch wäre. Denn dann würde unsere Welt nicht mehr existieren, basiert sie doch auf Liebe, Freundlichkeit und Aufopferungen füreinander. Die Grundlage für das Verhalten sind zumeist Prinzipien der Selbstlosigkeit und Nächstenliebe. Dadurch gewinnen wir etwas (z.B. soziale Bestätigung) oder vermeiden etwas (z.B. soziale Ächtung).

Regel 4: Menschen haben im Allgemeinen ein schlechtes Gedächtnis

Viele Menschen sind dafür bekannt, dass sie gewisse Informationen nicht in ihrem Kopf behalten können. In den meisten Fällen sind dies Informationen, die nicht für sie selbst zutreffen. Diese Personen werden sich vermehrt an die Gemeinsamkeiten zwischen ihnen und anderen Personen erinnern als an die bestehenden Unterschiede.

Dies sind nur einige der Regeln, welche die realistischen Ansichten der Menschen wiedergeben. Die meisten geben bereits Ihr Bestes, wobei hin und wieder dennoch Fehler aufgrund ihrer Selbstbefangenheit passieren.

Körpersprache

Das Verstehen der Körpersprache ist je nach dem gewünschten Zweck von großer Bedeutung. Wenn Sie einer attraktiven Frau näher kommen wollen, so müssen Sie sich im Klaren darüber sein, welche Gesten Ihnen dabei helfen können, das auszusagen, was Sie gerne hätten. Die meisten Männer sind nicht in der Lage, die versteckten Botschaften ihres Handelns selbst zu erkennen. Wenn Sie wirklich an einer anderen Person interessiert sind, müssen Sie zuerst beobachten, wie sich diese Person verhält. Ihre Bewegungen oder Konversationsstile haben viel mit ihrer persönlichen Wahrnehmung und Einstellung gemein.

Die Wahrnehmung der eigenen Alltagssprache ist ebenso bedeutend. Lächeln, Augenkontakt sowie Augenbrauen sollten immer mit von der Partie sein, wenn Sie mit einer anderen Person interagieren möchten. In diesem Zusammenhang sollten Sie immer eine Symmetrie bewahren. Wenn ein Teil Ihres Körpers nicht exakt dasselbe tut wie der andere Teil Ihres Körpers, könnte dies bedeuten, dass Sie nur zur Hälfte an der Person interessiert sind. Gleichzeitig könne es auch bedeuten, dass Sie abgelenkt sind und sich auf etwas ganz anderes konzentrieren. Am besten beachten Sie diese Punkte nicht allzu sehr, um natürlich in Erscheinung zu treten, ohne krampfhaft auf die Einhaltung der Körpersprache zu achten.

Die Körpersprache der anderen Person kann viele Aktionen enthalten, wobei besonders das Spielen mit dem Haar, das Befeuchten der Lippen, eine Beibehaltung des Augenkontaktes, das Berühren Ihres Unterarmes oder auch der Blick von unten heraus (um den Größenunterschied und damit die Höhe zwischen ihnen beiden zu verdeutlichen) typisch sind. Eine Person hebt häufig ihre Augenbrauen, wenn sie etwas oder jemanden interessant oder attraktiven Menschen findet. Die Augen haben kleine Drüsen unterhalb der Augenlider, die Flüssigkeiten und Tränen produzieren. Wenn eine Person nun interessiert oder aufgeregt ist, werden diese Drüsen eine Flüssigkeit produzieren, welche die Augen glänzen lässt.

Eine gute Körperhaltung trägt maßgeblich dazu bei, den Eindruck einer Person bei einer anderen Person zu verbessern. Stehen Sie und sitzen Sie gerade, halten Sie Ihren Brustkorb hoch und die Schultern zurück.

Indem Sie lernen, die Körpersprache anderer Personen zu verstehen, verbessern Sie automatisch Ihre emotionale Intelligenz. In den meisten Fällen hilft dies auch besonders in Beziehungen weiter. Sie werden besser miteinander auskommen, wenn Sie den ergänzenden nonverbalen Part innerhalb der Beziehung einnehmen und damit Rapport herstellen. Allgemein wird Ihnen ein grundlegendes Verständnis der Körpersprache in allen erdenklichen Situationen weiterhelfen.

Die unterschiedlichen Typen

Dank der steigenden Reliabilität und sinkender Kosten von Körpersensoren ist es nun immer besser möglich, Aussagen darüber zu treffen, was für Ausdrücke unser Körper in verschiedenen Situationen zeigt. Mithilfe dieser Technologie können wir mehr und mehr darüber lernen, wie sich Körpersprache äußert, und erkennen, dass der Körper ein extrem wichtiger Kanal ist, wenn es um Kommunikation geht.

Trotz dieser neuen Technologie und der Einigkeit über die Wichtigkeit der Körpersprache gibt es immer noch große Kontroversen, wenn es um den universellen Aspekt des Ausdrucks, der Erkennung und der Wahrnehmung geht. Auch gibt es verschiedene Ansichten, wie die Kultur auf die Körpersprache einwirkt und diese beeinflusst. Doch trotzdem werden wir auf diese Themen eingehen und erfahren, was der aktuelle Stand der Forschung zu erklären vermag.

Erkennen von Emotionen

Stimmen, Gesichter und der gesamte Körper drücken etwas aus und all dies kann zusammengefasst als emotionale Signale beschrieben werden. Doch eine Emotion ist mehr als die Summe der einzelnen Teile. Daher kann eine Emotion nur wirklich mit Sicherheit erkannt werden, wenn der ganze Körper inklusive Gesicht und Stimme betrachtet wird. Es gibt eine Vielzahl von Autoren, die sich mit dem Erkennen von Körperausdrücken der einzelnen Emotionen beschäftigen.

Meistens erforschen sie diese Ausdrücke mithilfe von drei Experimenten. Das erste Experiment zeigte, dass Angst die am schwersten erkennbare Emotion ist. Im nächsten Experiment wurde gezeigt, dass bei einem Forced-Choice Design (die Person kann also nur zwischen zwei Alternativen wählen) der Körperausdruck eine wichtige Rolle spielt, um Emotionen richtig zu erkennen. Im dritten Experiment ging es darum, eine Emotion in der Stimme einer Person zu erkennen, welche jedoch von einem irrelevanten Stimulus (ein Bild von einem nicht dazu passenden Körper) begleitet wurde. Wenn diese Ergebnisse nun zusammengefasst werden, dann kann erkannt werden, wie wichtig der Ausdruck des Körpers ist, um eine Emotion zu erkennen. Doch dies soll natürlich nicht bedeuten, dass die Stimmlage und der Gesichtsausdruck weniger entscheidend sind, sondern einfach nur, dass der Körperausdruck wichtiger zu sein scheint als bisher erwartet.

Es ist sogar eine Art der physischen und mentalen Fähigkeit, welche Menschen besitzen, dass sie nonverbal kommunizieren können, indem sie ihren Gesichtsausdruck, Augenbewegungen, Körperhaltung und Gesten verwenden. Menschen interpretieren und senden allerdings die meisten dieser Signale komplett unbewusst.

Es gibt verschiedene Typen von Ausdrücken, die unser Körper entsendet, und jeder dieser Ausdrücke geht mit einer bestimmten Emotion einher. In den letzten Jahren haben sich mehr und mehr wissenschaftliche Beweise angehäuft, die erklären, dass der Körperausdruck dem Gesichtsausdruck kaum in etwas nachsteht, wenn es um das Erkennen von Emotionen geht. Hier ist eine kurze Liste von Ausdrücken:

- die Nase rümpfen

- die Hände im Schoß verschränken

- das Haar über die Schulter nach hinten werfen

- Die Haare zwirbeln oder sich an der Nase kratzen

- auf den Boden schauen anstatt den Augenkontakt aufrechtzuerhalten

- die Hände in die Hüfte stemmen (um Macht zu signalisieren)

- jemandem sehr nahe kommen (also in den persönlichen Raum der anderen Person eindringen)

Neben diesen gewohnheitsmäßigen Körpergesten können auch die Augen einiges verraten. Eine Person mag vielleicht mit ihren Lippen lächeln, doch wenn die Augen nicht auch lachen, dann kann man sich fast schon gewiss sein, dass hier etwas nicht stimmig ist. Wenn eine Person aufrichtig glücklich ist, dann kann dies auch anhand ihrer Augen erkannt werden. Wenn die Person jedoch ein unechtes Lächeln aufgesetzt hat, dann hat sich der Teil des Gesichts, der die Augen umgibt, kaum geändert. Heutzutage gibt es aufgrund von sehr genauen Erkennungsmöglichkeiten noch weitere Emotionen, die unterschieden werden können. Diese basieren allerdings auf minimalen Hinweisen und Änderungen des Gesichts. Diese Emotionen lauten:

- Erleichterung

- Verlegenheit

- Zufriedenheit

- Stolz aufgrund eines Erfolges

- Heiterkeit

- Aufregung

- Schuldgefühl

- sinnlicher Genuss

- Scham

- Befriedigung

Die physischen Ausdrücke wie krumm dasitzen, auf etwas zeigen, Winken oder etwas oder jemanden zu berühren sind ebenfalls Formen der nonverbalen Kommunikation. Diese aktiven Gesten sagen meist etwas über die Person aus, die sie gerade ausführt. So ist eine der mächtigsten und zugleich grundlegendsten Signale, die Arme vor der Brust zu verschränken. Dies kann verschiedene Bedeutungen haben, so kann es heißen, dass die Person unbewusst eine Mauer aufbaut zwischen sich und den anderen Personen, die sie umgeben.

Allerdings kann es auch sein, dass der Person einfach kalt ist und sie so versucht, Wärme zu speichern. Wenn dies der Fall ist, geht diese Geste aber meist mit einer Reibebewegung einher, um mehr Wärme zu produzieren. In einer Konfrontation oder einem Streit kann diese Geste auch bedeuten, dass die Person den gegenteiligen Standpunkt einnimmt oder für Argumente nicht zugänglich ist. Diese Geste kann in einer Konfrontation dann dadurch unterstützt werden, dass die Person sich nach hinten lehnt und so versucht, sich noch weiter von der anderen Person (und deren Meinung) zu entfernen.

Analyse

Wenn Sie gerade erst damit begonnen haben, die Körpersprache interpretieren zu lernen, sollten Sie auf einige Körperteile besonders achten. Diese Körperteile geben genaue Auskunft über die Emotionen anderer Personen.

Diese Körperteile sind:

- Das Gesicht (Augenbewegungen, Mund, Augenbrauen) – Im Gegensatz zu anderen Muskeln sind die Gesichtsmuskeln immer mit der Haut oder mit anderen Muskeln verbunden.

- Der Kopf – sich abwenden, heben, senken, fallen lassen, nicken, beugen und schütteln

- Die Schultern – zurückziehen, fallen lassen, zusammenziehen, zusammenkauern

- Die Beine – zusammen (überkreuzt oder offen), unruhig (wechselt die Person die Position der Beine während des Gespräches?)

- Der Oberkörper – vor- oder zurücklehnen, schaukeln, beugen, gerade, sich anderen zu- oder von ihnen abwenden, beim Sitzen verlagern

- Die Hände – Gesten, Händeschütteln, (nervöses) Herumnesteln

Nachdem Sie nun Grundlegendes über Körpersprache und die verschiedenen Aspekte gelernt haben, werden wir uns nun aktiv dem Prozess des Lesens von Körpersprache zuwenden, was mittlerweile als wichtiger Bestandteil jeder Kommunikation angesehen wird. Ganz gleich, ob es sich um Leadership oder um Management handelt, - es ist in fast allen arbeitsbezogenen Situationen relevant zu wissen, wie Körpersprache gelesen werden kann.

So gut wie in jeder Situation, in welcher Sie den Körper oder das Gesicht der anderen Person sehen können, werden Sie in der Lage sein, von Ihrem Wissen über Körpersprache profitieren zu können. Nun werden wir verschiedene grundlegende Dinge besprechen, die eine gute Einführung in das Thema bieten sollten.

Grundlegendes Verständnis

Jeder kleine Ausdruck und jede Geste stehen im Zusammenhang mit einer Emotion, selbst wenn Sie dies leugnen wollen. Man kann es versuchen, doch klappt es niemals zu einhundert Prozent, dass man seine Gefühle verheimlicht. Ganz gleich, wie Sie sich fühlen, doch anhand von Mikroausdrücken kann man es erkennen, egal, ob es damit zu tun hat, dass Sie an Ihren Haaren spielen, die Hände in die Hüften stemmen oder sich am Unterarm kratzen.

Synchronizität

Damit ist gemeint, dass sich zwei Personen synchron bewegen bzw. sich ergänzen. Dadurch zeigen beide Partner an, dass sie auf derselben Seite stehen. Wenn eine Person bemerkt, dass ihr Gesprächspartner sich ähnlich bewegt oder im gleichen Rhythmus blinzelt, dann bekommt sie meist ein Gefühl von Vertrauen und Nähe. Im **NLP** wird dieser Prozess Pacing genannt und bedeutet im Grunde nichts anderes, als dass Sie die Handlungen Ihres Gesprächspartners spiegeln.

Interpretation

Das gesamte Wissen zur Interpretation der Körpersprache ist im Unterbewusstsein des Menschen gespeichert. Einige Teile werden über die DNA weitergereicht und können verlorengehen. Ganz besonders die Gesichtssprache geht mit dem gesagten Wort einher. Nun einige Gesten und was aus ihnen erkannt werden kann:

Mund (Lippen)

Feuchte und sanfte Lippen in Kombination mit einem leicht geöffneten Mund und einem entspannten Kiefer sind Zeichen für ein sexuelles Interesse. Das Lecken und Beißen der Lippen bedeutet laut einigen Körpersprachespezialisten provokatives sexuelles Verhalten. Enge Lippen können für Ablehnung stehen. Das Beißen auf die Lippen und das Zurückziehen der Lippen bedeutet, dass diese Person etwas zu verheimlichen versucht oder Informationen nicht preisgeben möchte.

Mund (Lächeln)

Es ist für gewöhnlich sehr schwer, ein unechtes Lächeln zu erzeugen. Beim aufrichtigen Lächeln ziehen sich die Mundwinkel nach oben, während die Augen ihren natürlichen Blick beibehalten.

Gesicht (rot werden)

Es gibt viele Personen, die selbst bei den kleinsten Peinlichkeiten erröten. Dieses Anlaufen des Gesichts kann ebenso für Schuldeingeständnisse stehen. Wenn eine Person nicht sofort rot wird, kann sie dennoch Hitzewallungen erfahren, wenn sie sich ertappt oder überrascht fühlt.

Schwankende Hüften

In der Antike wurde das Schwanken oder das Wiegen der Hüften als Zeichen angesehen, einen Partner zur Fortpflanzung anzulocken. Sowohl Männer als auch einige Frauen achten daher auf die Hüften.

Verschränken der Arme

Dies kann sowohl aus Angst- als auch aus Verteidigungsgründen als Schutzhaltung angesehen werden. Zudem kann es einschüchternd wirken. Wenn Ihr Gegenüber seinen Brustkorb mit Luft füllt und gleichzeitig die Arme verschränkt, würden Sie sich unwohl fühlen. Die Verschränkung der Arme kann auch dann vorgenommen werden, wenn Sie bequem sitzen oder stehen. Behalten Sie aber im Hinterkopf, dass Ihr Gegenüber dies immer anders interpretieren kann und so Fehlinformationen übermittelt werden können.

Händeschütteln

Ein Händedruck kann viel mehr sagen als nur „Hallo, es freut mich, Sie kennen zu lernen". Der Moment, wenn sich die Handinnenflächen berühren, wird meist als der kritischste betrachtet. Denn er zeigt normalerweise, dass Sie offen und ehrlich sind, da Sie die Innenseite Ihrer Hände zeigen und nichts zu verbergen haben. Dadurch ist Ihre Handlung nicht bedrohlich, sondern höflich.

Eine leicht offene Handfläche wird genutzt, um jemanden willkommen zu heißen oder eine Besprechung zu beginnen. Eine verborgene Handfläche wird bei Vertragsabschlüssen oder Bestätigungen verwendet.

Herumstolzieren/Prahlen

Dies kann als Zeichen von Arroganz oder natürlich auch als Trunkenheit angesehen werden. Die Beine beim Sitzen weit aufzuspreizen wird zudem als ein typisches Machozeichen angesehen. Die Interpretation der Körpersprache ist dann effektiv, wenn sie überall angewandt wird. Dies heißt auch, dass Sie nicht abgelenkt werden und gleichzeitig entspannt sind. Wenn Sie sich auf sich selbst konzentrieren oder gehemmt sind, sind Sie womöglich nicht in der Lage, andere wahrnehmen zu können.

Mit den Haaren spielen

Wenn eine Frau beginnt, mit der Hand die Haare hinter das Ohr zu strei-
chen oder mit den Haarspitzen zu spielen, ist dies gut als ein Zeichen des
Interesses zu deuten. Frauen machen dies jedoch auch oft bewusst, um
Männern die Bereitschaft für einen Flirt zu signalisieren.

Besonders offensichtlich wird im oberen Foto der freigelegte Hals durch
das Zurückstreichen der Haare und das Berühren des eigenen Halses.

Direkter Blickkontakt im unteren Bild: das Spiel mit den Haaren und das
Berühren des eigenen Körpers, wie auch das Zurechtrücken der Kleidung
sprechen eine eindeutige Sprache: Komm her!

Die Schultern nach oben ziehen

Dies ist ein sehr universelles Signal dafür, dass eine Person nicht weiß,
was sie tun soll, oder etwas nicht versteht. Meist geht diese Geste mit

zwei anderen Hand in Hand. Die Augenbrauen werden gehoben und die Handflächen offen dargeboten. Dies zeigt, dass die Person offen und ehrlich keine Ahnung hat.

Daumen nach oben

In manchen Ländern hat diese Geste drei verschiedene Bedeutungen. Meist wird sie von Trampern genutzt, die in Autos mitgenommen werden wollen. Anderseits wird sie als Signal genutzt, dass alles gut oder okay ist. Die letzte Bedeutung ist etwas vulgärer und bedeutet „setz dich hier drauf" und soll signalisieren, dass man nicht viel von der anderen Person oder ihrem Verhalten hält.

Die Stirn runzeln

Dieser Gesichtsausdruck steht für Tadel oder Nachdenklichkeit über den Inhalt. Oftmals soll damit nach Außen hin signalisiert werden, dass man gerade angestrengt nachdenkt.

Augen verdrehen und die Unterlippe vorschieben

Dies drückt Ungläubigkeit bzw. Skepsis aus und wird oft verwendet, um den eigenen Status zu erhöhen indem jemand anderer (oder dessen Aussage) als nicht vertrauenswürdig dargestellt wird.

Anstarren

Egal ob im Berufsleben oder privat: das unentwegte Halten von Blickkontakt steht in fast jeder Kultur für Herausforderung, Demütigung oder Drohung. Dementsprechend oft wird es auch häufig als unangenehm empfunden und ist im Alltag eher verschmäht.

Mimik „versteinern" lassen

Die eigenen Gesichtszüge erstarren zu lassen zeugt davon, dass die soziale Distanz zum Gesprächspartner vergrößert werden soll.

Rapport

Unter Rapport versteht man eine gemeinsame Basis des Vertrauens und der Sympathie. Unsere Kommunikation wird also essentiell von den nonverbalen Signalen bestimmt, die wir völlig unbewusst senden. Rapport erkennt man daran, dass eine Gleichheit der Körperhaltung und im Verhalten entsteht. Paare oder Freunde gehen beispielsweise im Gleichschritt und wenn der eine zum Glas greift, trinkt der andere auch einen Schluck, obwohl er gar keinen Durst hat.

Je besser sich zwei Menschen verstehen, desto ähnlicher wird auch ihre Körpersprache. Entweder passt sich einer an sein Gegenüber an und lässt sich führen, oder beide nähern sich gegenseitig an. Der Prozess dieser Angleichung wird als spiegeln oder „pacing und leading" bezeichnet.

Im Englischen bedeutet „to pace" im gleichen Schritt gehen. Im NLP beschreibt Pacing den Prozess des sich Angleichens, des Spiegelns von Kommunikationspartnern. Eine Person A, die eine Person B spiegelt, gibt B in ihrem Verhalten jenes Verhalten „zurück", das A an B vorher hat beobachten können. Spiegeln beinhaltet verbale und non-verbale Aspekte mit dem Zweck, Rapport herzustellen. Wenn wir Menschen in den Bereichen Beratung/Vertrieb oder Führung dabei beobachten, wie sie Kontakt mit ihrem Kunden herstellen, so ist oft zu sehen, dass die ganze Konzentration, eine Gemeinsamkeit zu finden, sich allein auf den inhaltlichen Anteil der Kommunikation beschränkt. Somit verschwenden sie einen Großteil Ihrer Möglichkeiten.

Wenn in Meetings ein Gefühl der Uneinigkeit oder Unstimmigkeit aufkommt und man merkt, dass es „brodelt", versuchen Moderatoren oder Führungskräfte sehr oft, über den Inhalt ein gemeinsames Commitment zu erreichen (auf einen gemeinsamen Nenner zu kommen). Viele von uns haben schon solche mühevollen, sehr zeitaufwendigen Versuche erlebt. Um solche Fettnäpfchen zu vermeiden, können wir die nonverbale Ebene nutzen, um zunächst über Pacing einen angenehmen Kontakt herzustellen. Indem wir unser Gegenüber spiegeln (pacen), stellen wir mit diesem Rapport her. Beobachte in nächster Zeit einmal andere Leute und dich selbst bei der Kontaktaufnahme mit anderen Menschen. Sie werden schnell erkennen, dass die Leute umso mehr Gemeinsamkeiten zeigen, je mehr sie sich verstehen. Mit Pacen ist übrigens kein affektiertes Nachäffen gemeint, sondern ein empathisches Einlassen auf den anderen.

Diese Technik beschreibt also das Basiswerkzeug für alle Menschen, die im Zusammenspiel mit anderen arbeiten. Es ist der Unterschied, der einen Unterschied macht - ob für Verkäufer, Manager, Berater, Erzieher oder alle anderen (und wie wir wissen, kommunizieren wir alle), die auf ihre Kommunikationsfähigkeit angewiesen sind. Jeder, der Interesse daran hat, mit jemand anderem schnell einen guten Kontakt herzustellen, sollte das Pacing beherrschen.

Wenn guter Rapport besteht, kann man durch Leading den Gesprächspartner langsam in einen anderen Zustand führen. Man gibt die Richtung vor. Der Begriff des Leading stammt aus dem angloamerikanischen Sprachraum und bedeutet in positiver Form führen (to lead). Der Prozess des leading ist relativ einfach. Wenn wir wahrnehmen können, dass Rapport vorhanden ist, beginnen wir erste kleine Veränderungen in unserem Ausdrucksverhalten (Physiologie, Sprache,...) herbeizuführen und überprüfen am Verhalten unseres Gesprächspartners, ob er diese Veränderungen mitmacht. Beim Schritt vom Pacing zum Leading ist der sanfte Übergang von entscheidender Bedeutung. Massive Wechsel bewirken in der Regel einen Rapportverlust.

Da Menschen den guten Kontakt mit anderen sympathischen Personen instinktiv halten wollen, werden sie die Schritte des Leaders mitgehen. So kann man durch geschicktes Leading einen traurigen Freund in gute Stimmung versetzen oder einen verärgerten Kunden wieder zum Partner machen. Selbstverständlich sind für jeden Berater oder jede Führungskraft Pacing und Leading absolute kommunikative Basiswerkzeuge.

Rapport aufbauen

Folgende und weitere Möglichkeiten bieten sich einem geschulten Kommunikator, um schnell und erfolgreich Rapport aufzubauen und eine Ebene des Vertrauens zu schaffen:

- Nonverbale Möglichkeiten

- Verbale Möglichkeiten

- Umgebung und materielle Voraussetzungen

Nonverbale Ebene
- Mimik
  - Augen, Blickrichtung, Blickkontakt
  - Emotionaler Gesichtsausdruck
  - Augenbrauen
  - Lächeln

- Gestik
  - Hand- und Armhaltung
  - Bewegungsintensität
  - Bewegungshäufigkeit
  - Bewegungsgeschwindigkeit
  - Spielen mit Gegenständen
  - Wiederholen von typischen Bewegungen
  - Oberer, mittlerer oder unterer Körperbereich
- Körpersprache
  - Gesamtphysiologie
  - Körperspannung
  - Steh- und Sitzposition
  - Offen oder verschlossen
  - Arm- und Schulterhaltung
  - Fußhaltung
  - Kopfbewegungen und seitliche Haltung
  - Ideomotorische Bewegungen (zum Beispiel unbewusstes Zucken der Finger)

Verbale Ebene
  - Tonhöhe
  - Sprechgeschwindigkeit
  - Aussprache
  - Betonung
  - Pausen
  - Sprachfluss
  - Wiederholungen
  - Einsatz von Füllwörtern wie „Ähm"

Umgebung und materielle Voraussetzungen
- o Sitzordnung
- o Sichthöhe
- o Direkte Umgebung
- o Kultureller Raum
- o Kleidung
- o Frisur
- o Gefühle
- o Persönliche Geschichte
- o Interessen, Werte und Glaubenssätze

Bevor wichtige Entscheidungen oder Richtungswechsel im Gespräch getroffen werden, sollten Sie testen, ob ausreichend Rapport vorhanden ist. Ist eine gute nonverbale Basis gegeben, steigt nämlich die Erfolgswahrscheinlichkeit der Zielerreichung rapide an.

Augenkontakt

Die Augen sind der Spiegel, das Tor zur Seele, so sagt schon ein altes Sprichwort. Tatsächlich sind sie noch viel mehr als das. Kein anderer Muskel im menschlichen Körper wird so oft benutzt wie unsere Augenmuskulatur. Die Augen beherbergen auch die einzigen Muskeln im Körper, welche sich nicht bewusst kontrollieren lassen. Das ist einer der Gründe, wieso viele Pokerspieler eine Sonnenbrille tragen, sie verstecken das Einzige, was sie verraten könnte.

Über unsere Augenmuskulatur, die direkt mit dem präfrontalen Cortex verbunden ist, rufen wir Erinnerungen und Informationen ab und stellen uns Zukünftiges vor. Dies ist die einzige Gehirnregion des Neocortex, die direkt mit dem Hypothalamus (zuständig für die Hormonausschüttung) vernetzt ist. Der präfrontale Cortex ist daher in einer herausragenden Position, um Informationen aus allen sensorischen und motorischen Modalitäten zu synthetisieren.

Die Augen lassen uns somit Bilder, Töne, Gefühle und Gedanken abrufen und bewegen sich je nach Gedankengang - auch in eine andere Blickrichtung. Das kennen wir aus der REM (Rapid Eye Movement) Phase im entspannten Schlafzustand, wenn sich die Augen unter dem Lid sehr schnell hin und her bewegen. Früher dachten wir, der Mensch würde den Bildern im Traum „hinterher sehen". Heute ist klar, dass dadurch Informationen abgerufen werden. Das erklärt auch, dass blinde Menschen, die nie in ihrem Leben Augenlicht hatten, dennoch während des Denkprozesses ständig ihre Augen bewegen – oftmals stärker als Sehende, da sie nie lernen mussten, ihre Augen zu kontrollieren.

In Wahrheit werden vor allem in der westlichen Welt Menschen schon von klein auf darin geschult, möglichst lange Blickkontakt zu halten. Das Absenken der Augen oder überhaupt Abgleiten von dem Blick des Gegenübers wird oftmals als Zeichen der Schwäche oder stillschweigender Kapitulation und Unterwürfigkeit gewertet. Dies ist jedoch eine kurzsichtige Bewertung, die kulturelle Hintergründe hat und keine anatomischen. Die Regeln des Augenkontakts unterscheiden sich von Kultur zu Kultur. Der gesenkte Blick im Osten ist hingegen Zeichen von Respekt, ein direkter Augenkontakt wird als Angriff verstanden.

Diesen Aspekt, dass es immer wichtig ist, das Verhalten im Kontext der jeweiligen Situation oder der jeweiligen Kultur zu sehen, habe ich anfangs schon angerissen. Auch sind sich viele darüber im Klaren, dass die Augen mitunter das wichtigste Werkzeug sind, um Emotionen zu vermitteln. Doch die Augen sind auch am schwersten zu kontrollieren, daher sind sie oft der Punkt, an welchem man erkennen kann, ob eine Person ihre echten Gefühle zeigt. Nicht umsonst gibt es den Spruch: „Die Augen sind der Spiegel der Seele".

Augen können alle möglichen Emotionen widerspiegeln, angefangen von Ärger über Schmerz bis hin zur Zufriedenheit. Viele Menschen lesen aus den Augen anderer, ohne dies bewusst zu tun. Oftmals erinnert es uns an die Fähigkeit des „Gedankenlesen", was sich in einem Wissen über den momentanen Gefühlszustand des Gesprächspartners äußert. Erklärbar ist dies durch die sogenannten „Spiegelneurone". Die Augen versorgen uns zudem mit zahlreichen Informationen und daher ist es wichtig, auf diese zu achten. Allein die Richtung der Augen zeigt etwas an (vgl. das folgende Kapitel „Augenzugangshinweise").

Doch wie sieht es mit dem Augenkontakt mit anderen Personen aus? Ein direkter Augenkontakt ist meist ein Zeichen für Dominanz. Doch geübte Personen können diesen Augenkontakt auch aufrecht erhalten, ohne dass sie sich wirklich dominant fühlen. Wenn sich die Pupillen weiten, ist dies ein Zeichen dafür, dass die angeschaute Person einem gefällt und man sich wohlfühlt. Eine weitere Bewegung der Augen, die jeder kennt, ist das Augenverdrehen. Dies ist ein Zeichen für Verärgerung oder Frustration.

Augenzugangshinweise

Die Augenbewegungen, die dem Abrufen einer spezifischen Information dienen, sind in der Literatur als lateral eye movements bekannt, im **NLP** werden sie als Zugangshinweise der Augen bezeichnet. Es gibt eine angeborene neurologische Verbindung zwischen Augenbewegungen und den Repräsentationssystemen, denn dieselben Muster treten weltweit auf.

Was wird nun genau durch unsere Augenbewegungen abgerufen? Wir unterscheiden hier vorerst grob anhand der Blickrichtung nach oben und nach unten.

- Wandern die Augen **nach oben**, visualisiert dein Gegenüber gerade, also ruft ein Bild im Kopf ab.

- Bleiben die Augen in einer **mittigen Position**, werden oft auditive Kanäle abgerufen, also ein Geräusch oder Töne.

- Gehen die Augen **nach unten**, wird entweder „in sich hineinge-fühlt" oder ein innerer Dialog geführt, zum Beispiel wenn wir mit unserer inneren Stimme abklären, ob uns ein bestimmtes Angebot gefällt.

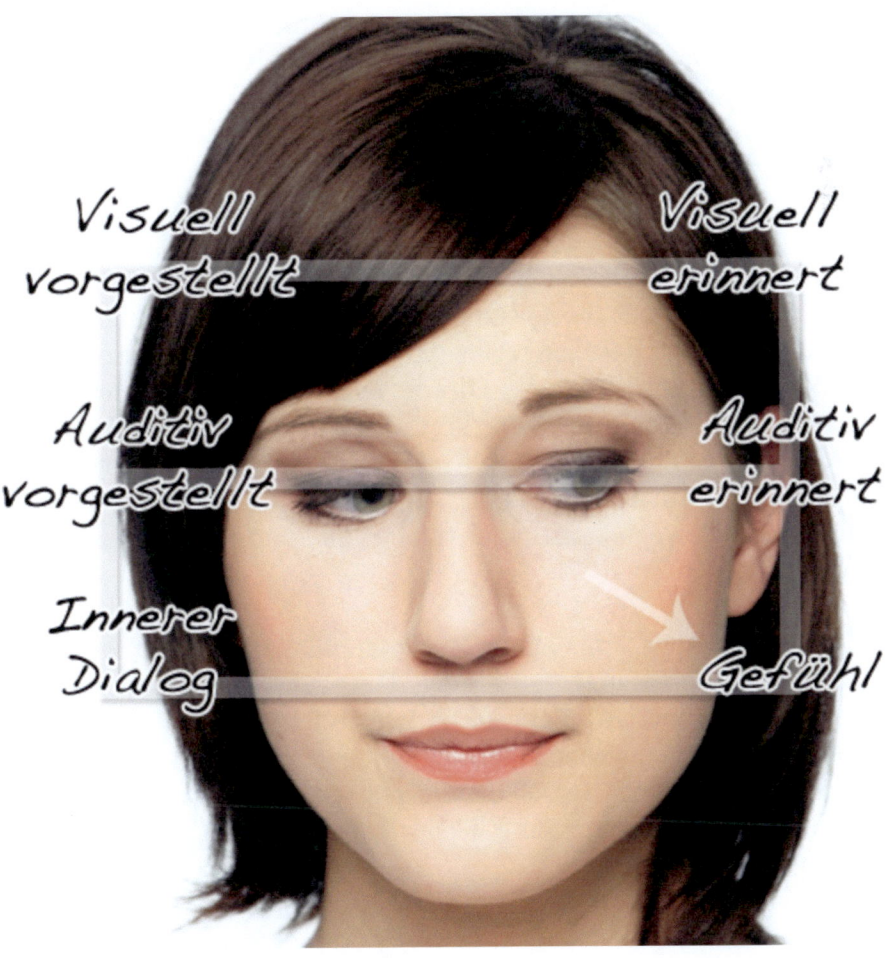

Wichtig zu beachten ist hierbei, dass die Augen sich während des Denkprozesses bewegen und nicht während der verbalen Antwort auf eine Frage – die Information muss natürlich abgerufen werden, *bevor* geantwortet wird.

Der Rahmen, in dem diese Blickrichtungen stattfinden, kann je nach Mensch unterschiedlich gelagert sein. Manch einer wird sehr oft über seinem Kopf Bilder abrufen und wenn in sich hineingefühlt wird, verbleibt der Blick eher mittig. Bei manchen ist der Rahmen eher nach schräg links unten versetzt. Kommunikation ist immer dynamisch und ebenso sind es die Modelle des NLP. Grob zusammengefasst lässt sich jedoch sagen, dass für den Großteil der Menschen der hier vorgestellte Rahmen zutrifft.

Die nächste wichtige Unterscheidung findet in der Hemisphäre statt, ob der Blick nach links oder rechts wandert. Wenn du dein Gegenüber vor dir hast, ist von dir aus gesehen rechts die Erinnerung deines Gesprächspartners und links die Vorstellung. Dies ist anhand der Bilder sehr deutlich zu erkennen. Behalte im Hinterkopf, dass du in die Blickrichtung nicht zu viel hineininterpretieren solltest (wichtige Beziehungsentscheidungen sollten natürlich nicht auf der Annahme einer Lüge, die du anhand einer Augenbewegung meinst feststellen zu können, getroffen werden).

Deshalb ist es auch wichtig, immer zu überprüfen, ob und in welcher Form dieses Modell sich in Bezug auf dein Gegenüber als richtig erweist. Um Gewissheit darüber zu erlangen, ob und welches Modell dieser als Augenzugangshinweise bekannten Blickrichtungen bei deinem Gegenüber zutrifft, solltest du zu Beginn des Gespräches für dich bewusst Kontrollfragen einbauen. Beachte: bei Linkshändern ist die Blickrichtung oft spiegelverkehrt.

Bei einem alltäglichen Gespräch ist es völlig normal, dass der Blick immer wieder zwischen Erinnerung und Konstruktion springt, da wir mehrere Sinneskanäle abrufen und Erlebtes erinnern, um es dann neu zu formulieren (es ist vielleicht sogar schon intern als Bild entstanden). Erst nach oder während der Verknüpfung dieser Informationen wird die Antwort gegeben. Um diese Erkenntnis sinnvoll einzusetzen, ist es hilfreich, am Anfang eines Gespräches Fragen zu stellen, die auf bestimmte Sinneskanäle verweisen, um somit zu testen, welche Augenzugänge besonders stark ausgeprägt sind.

Über diese Zusatzinformationen in der Kommunikation, die auf die Repräsentationssysteme hindeuten, in denen der andere denkt, lässt sich nun individueller auf den Gesprächspartner eingehen. Wir können dadurch „in der Sprache des anderen" sprechen. Ein visueller Typ wird dich besser verstehen, wenn du in möglichst bunten und lebendigen Bildern zu ihm sprichst. Auditive Typen hören gerne klingende Begriffe. Menschen, die stark im Gefühl leben, brauchen Gewissheit darüber, ob sich alles Gesagte auch passend anfühlt.

Hier einige Beispiele für Worte, die auch in der Sprache für diese Sinneskanäle oft benutzt werden. Diese kannst du je nach Gesprächspartner mehr oder weniger einsetzen, um mit noch mehr Wirkung zu kommunizieren.

- **Visueller Sprachgebrauch**

Übersicht, unsichtbar, sichtlich, gucken, weitsichtig, Ansicht, schleierhaft, Einsicht, Perspektive, strahlend, düster, einleuchtend, verschwommen, Fokus, ausmalen, ein heller Kopf, ins Auge (fallen), schwarz sehen, glänzend, unter die Lupe nehme, Horizont, Farbe: blau, gelb..., rot bzw. schwarz sehen, Gemälde, Vorschau, schleierhaft, Blitz, Licht, die Zukunft sehen, Einblick, Verschwommen, hell, leuchten, blau, abzielen, Perspektive, klar, Hell, farbig, trüb, scharf, Grafiken, beleuchten, Einsicht, leuchtend, Perspektive, Vision, Es scheint, dass, Ein flüchtiger Blick, Wir verfolgen unsere Interessen, Das ist eine neue Betrachtungsweise der Dinge, Schauen Sie mal hier, Das ist glasklar, Eine Augenweide, Zeigen Sie mir, was Sie meinen, Tunnelblick, Absicht, anblicken, anstarren, aufblicken, Aufsicht, Aussicht, ausstellen, beobachten, besichtigen, bildhaft, blind, das leuchtet mir ein, dunkel, Einblick, einsehen, erscheinen, farbenfrohes Beispiel, fokussieren, funkeln, glänzen, hell, Horizont, ins Auge fallen, klar, mustern, oberflächlich, offenbaren, offensichtlich, Perspektive, reflektieren, rosa Brille, schwarz sehen, sehen, sich vorstellen, strahlen, Überblick, unter die Lupe nehmen, verschleiern, verschwinden, verschwinden, verschwommen, vorhersehen, vorsehen, zeigen, zurückschauen

- **Auditiver Sprachgebrauch**

klingen, lauschen, summen, fragen, Harmonie, Einklang, knistern, das schreit zum Himmel, Donnerwetter, Anklang, unerhört, eine leise Ahnung, die Stimme der Vernunft, die erste Geige spielen, Zustimmung, es macht Klick, sich einstimmen, in den höchsten Tönen, den Marsch blasen, rauschend, schrill, stöhnen, Antwort, trommeln, Musik, Töne, wispern, Leise, laut, klingen, erwähnen, nachfragen, Harmonie, bemerken, gellend, stimmen, Streiten, diskutieren, laut, Harmonie, Melodie, ausgesprochen, Frage, Resonanz, rufen, schrill, singen, erklären, Ton, murmeln, klingend, , schreien, Die wichtige Frage, um die es uns allen geht, lautet, Sie sagen also, Ich habe es aus seinem eigenen Mund gehört, Wer bestimmt die Tonart?, Rein wie der Glockenklang, Wort für Wort, Wir haben die gleiche Wellenlänge, Stimmen Sie sich darauf ein, Musik für meine Ohren, Den richtigen Ton treffen, abstimmen , antworten, ausrufen, befragen , beleidigen , das hört sich gut an , das klingt gut, die erste Geige spielen, diskutieren , Echo, erklären , erwähnen, erwidern , erzählen , fragen , geräuschvoll, harmonisieren , hören , jubeln, klingen , kreischen , melodisch, murmeln , plaudern , Resonanz , rufen, ruhig , sagen , sang- und klanglos , schreien , schrill , schweigen , seufzen , still, summen, tönen , übersetzen

- **Kinästhetischer Sprachgebrauch**

fühlen, spüren, erleben, Berührung, leichtsinnig, prickelnd, hart, zugreifen, heiß auf etwas, schwerfällig, Begriff, überstürzt, kühl, ich habe das Gefühl, raue Sitten, Belastung, handhaben, Erleichterung, es lässt mich kalt, niedergeschlagen, ermüdend, schleichen, schlurfen, Rührung, leer, voll, rund, umarmen, zerstreut, ausschließlich, müde, frisch, Erleben, fühlen, warm, Druck, anrühren, sensibel, spannend, feucht, bewegen, glatt, Berührung, Kalt, Schwung, aufregend, Gefühl, fest, fließend, greifen, Bewegung, massiv, einrasten, berühren, , mit Füßen treten, Gewicht, Ein Unternehmen führen, Wir haben die Strukturen umgestaltet, Sich vorwärts bewegen, Etwas begriffen haben, Ein Gefühl dafür bekommen, Nervensäge, Etwas erfassen, Massiv wie ein Fels, Ein Schritt nach dem anderen, arbeiten, ausrutschen, Begriff, behandeln, Belastung, berühren, binden, bürsten, das lässt mich kalt, das liegt auf der Hand, drehen, drücken, Erleichterung, etwas im Griff haben, fest, fühlen, glatt, halten, Ich hab das Gefühl, im Handumdrehen, kneifen, matschig, nach innen gegen, passen, rauh, rennen, sanft, schlagen, schnappen, schütteln, schwingen, stark, steif, teilen, tragen, umarmen, umkippen, weich

- **Olfaktorischer & gustatorischer Sprachgebrauch**
aromatisch, dunstig, muffig, riechen, nach, verrottet, stinken, riechen, süß, Beigeschmack, schmackhaft, delikat, mild, scharf

- **digitaler Sprachgebrauch**
aktivieren, erwägen, kreieren, entscheiden, entwickeln, funktionieren, wissen, managen, motivieren, organisieren, planen, vorbereiten, denken

In Filmen und besonders der Werbung werden diese Erkenntnisse bewusst eingesetzt. Einerseits, um damit möglichst viele Menschen zu erreichen, andererseits, da die vielfältige Abwechslung im Ansprechen der unterschiedlichen Sinneskanäle eine Sog-Wirkung in sich trägt, die jeden Menschen in die Geschichte hineinsaugt. Das ist das Geheimnis guter Erzähler und erfolgreicher Bücher. Je mehr Sinneskanäle du ansprichst, desto besser kannst du andere Menschen in deinem Gespräch einfangen. Baue deshalb in jedem Absatz immer wieder eingestreut unterschiedliche Begriffe ein, gerade so, dass es in den Kontext passt.

Willst du dein Gegenüber zu bestimmten Gedanken hinführen, dann ist deine Gestik so einsetzbar, dass du die Augen durch Handbewegungen unbewusst in die richtige Richtung lenkst. Speziell was das Erleben von Zeit, Raum und Größe angeht, werden dazu im Kapitel „Präsentieren" mehr Techniken vorgestellt. Werden die Augen hingegen bewusst von ihrem normalen Bewegungsmuster abgehalten, zum Beispiel indem ein Gegenstand fixiert wird, ist der Zugang zu den Informationen gesperrt und durch diese Einschränkung der Reaktionsfähigkeit eine hypnotische Wirkung gegeben. In diesen Momenten der Ablenkung ist eine erhöhte Suggestibilität (leichte Beeinflussbarkeit durch anderen) beim Gegenüber feststellbar, in denen besondere Reizwörter wie „hier unterschreiben" oder „einfach ausprobieren" eingebettet werden können. Unter einer Suggestion versteht man das Beeinflussen von Gefühlen, Gedankengängen und Handlungen durch Worte oder Glaubenssätze.

Suggestionen werden bewusst nicht wahrgenommen. Die Suggestibilität ist die Bereitschaft des Einzelnen, eine Suggestion auf- und anzunehmen. Eine Tablette mit Placebo Effekt ist beispielsweise eine Suggestion. Durch den Glauben daran, dass eine Krankheit durch das Schlucken bestimmter Pillen geheilt werden kann, reagiert der Körper auch in dieser Form – er heilt sich selbst, ausschließlich durch das vermeintliche Wissen, dass die Medizin ihm hilft.

Um diese Ablenkung herbeizuführen, genügt eine bewusste Gestikulation mit pointierter Richtung und die Wahrnehmung, diesen Moment der leichten Trance zu erkennen. Diese Technik wird sehr häufig in der Gesprächshypnose eingesetzt, das Phänomen ist jedoch auch aus Sport und Medien bekannt. Wie anders wäre es sonst möglich, dass tausende Menschen einem einzigen Ball bei Tennis, Fußball, Baseball und vielen weiteren Sportarten hinterhersehen, wenn dies nicht auch einen bestimmten hypnotischen Effekt in sich bergen würde?

Auch bei den Geschlechtern gibt es Unterschiede. Während Männer evolutionär bedingt einen „Tunnelblick" entwickelt haben, ist das periphere (weiträumige) Sehen bei Frauen stärker ausgeprägt. Dies ist auch logisch, da Männer auf der Jagd ein klares Ziel im Auge behalten mussten, während Frauen ständig die Kleinkinder und den Höhleneingang im Augenwinkel hatten. Dieses erweiterte periphere Sehen führt im geschäftlichen Alltag häufig zu Missinterpretationen. Männliche Manager sind beispielsweise darin geschult, beständig Augenkontakt zu halten, in derselben Situation wäre es für viele Frauen angenehmer, nebeneinander zu sitzen und der Blickrichtung freien Lauf zu lassen.

Doch auch Männer müssen Informationen abrufen und so ist es oft nicht verwunderlich, wenn ein Manager, der konstant mit seinem Gegenüber Augenkontakt hält, statt seiner Augen den Kopf zu allen Seiten und immer wieder abwechselnd hinauf und hinunter bewegt, um auf die Informationen, die er benötigt, zugreifen zu können. Anstelle der Augen bewegt sich hier der gesamte Kopf, nur um den Blick nicht abwenden zu müssen. Was nun mehr einen Statusverlust bedeutet, also entweder die Augen kurz zur Seite wandern zu lassen oder ständig unkontrolliert mit dem Kopf zu wackeln, sei dahingestellt.

Interessante kulturelle Unterschiede finden sich beispielsweise in den asiatischen Ländern, wo von oben nach unten geschrieben wird. Die Menschen lesen also „ins Gefühl hinein", während arabische Länder von rechts nach links lesen. Da von dir aus gesehen links die gefühlte Vergangenheit liegt, ist also deutlich erkennbar, wieso auch die kulturelle Glaubensstruktur stärker mit Traditionen verknüpft ist als bei uns im Westen, wo „in die Zukunft" gelesen wird.

Eine nette Anekdote ist auch der oft gehörte Sager von Lehrern, die Schüler, die vergeblich nach einer Antwort suchen und deren Blick deshalb während des inneren Dialogs nach unten wandert, folgenden Satz hören lassen: „Dort unten wirst du die Antwort nicht finden!" Ganz richtig, denn meist ist erst mit Abruf der Informationen als Bild, Ton oder Gefühl eine vollständige Antwort möglich.

Der Vollständigkeit halber ist anzumerken, dass es neben den oben genannten drei Repräsentationssystemen noch Gerüche und Geschmäcker gibt, die als zusätzliche Information abgespeichert sein können. Da diese Typen jedoch eher wenig verbreitet sind, gehen wir auf diese hier nicht näher ein, da der vorliegende Buchtitel speziell die Körpersprache behandelt.

Die kleinen Signale

Wenn die Körpersprache einer Person gelesen werden kann, gibt dies Aufschluss darüber, inwieweit man den dazu gehörenden Worten einer Person vertrauen kann. Die meisten Menschen senden und erhalten nonverbale Informationen, sind sich dessen jedoch gar nicht bewusst. Diese Signale zeigen oftmals, wie eine Person sich wirklich fühlt.

Jede Geste und jede kleine Bewegung sind wertvolle Informationen, die Hinweise darauf geben können, wie es um die Emotionen dieser Person bestellt ist. Menschen können viel interpretieren, doch nur wenn man die Signale wirklich richtig liest, kommt man zu dem richtigen Schluss. Wichtig dabei ist immer das Ganze im Kontext zu sehen. Denn jedes Verhalten kann nur richtig interpretiert werden, wenn man den dazugehörigen Kontext kennt und ihn versteht.

Beispiele für Körpersprache und ihre Bedeutung

Jeden Tag werden unterschiedliche Gesten und Bewegungen bei anderen Menschen wahrgenommen. Viele dieser Anzeichen sind nicht sofort als ein Hinweis auf eine Emotion interpretierbar. Auf der anderen Seite wiederum gibt es gewisse Signale, die sofort auf eine Emotion schließen lassen. Grundsätzlich kann gesagt werden, dass einzelne Signale nicht interpretierbar sind und man sie im Kontext der Situation und anderer Signale sehen muss. Allerdings gibt es ein paar Signale, die mit großer Wahrscheinlichkeit eine gewisse Schlussfolgerung zulassen:

- **Lüge:** die Hand über den Mund legen, auf dem Sessel hin- und herrutschen und das Gesicht anfassen. Auch kommt es oft vor, dass die Person die Hände an der Hose abwischt, da diese aufgrund der empfundenen Nervosität ein wenig schwitzig sind.

- **Stress:** die Lippen anfeuchten, mit den Beinen herumzappeln

- **Zurückweisung:** nach hinten lehnen, die Arme überkreuzen. Oft sollte man auch in Betracht ziehen, dass viele Gesten auch etwas anderes bedeuten können und dies nicht deterministisch zu sehen ist. So kann eine Person die Arme überkreuzen, da ihr kalt ist.

- **Aggression:** eine steife Köperhaltung, Muskeln sind angespannt, Fäuste sind geballt, nach vorne gelehnt, Schultern werden angespannt

- **Wahrheit:** offen sichtbare Handinnenflächen

- **Angst:** zusammengezogene Schultern, die Schläfen massieren, schnelleres oder extrem langsames Atem, nervöse Bewegungen der Hände

Besonders hilfreich wenn es darum geht, gezielt Dinge oder Personen im Raum anzusprechen, sind unsere Hände. Jedoch kann man auch Gegenstände wie Stifte als „Verlängerung" des eigenen Selbst nutzen und damit sehr subtil und pointiert die Aussage einer Kommunikation unterstreichen. Achten Sie auch auf die Richtung, in die Menschen zeigen, während sie sprechen. So gibt es etwa Hinweise, dass eine Person sehr von sich überzeugt ist, wenn sie öfter beim Erwähnen positiver Worte unbewusst auf sich selbst deutet. Dies gilt natürlich auch umgekehrt.

Mit diesem Wissen ausgestattet ist es Ihnen möglich, gewisse Aspekte gezielt zu betonen.

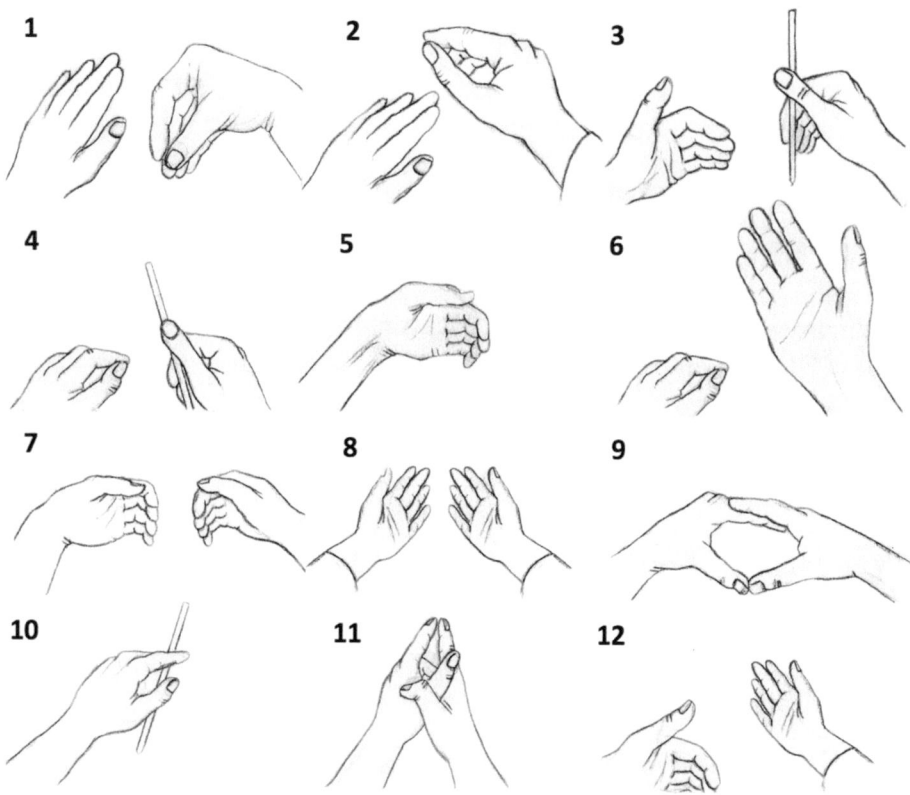

1-4: Dies sind sehr deutliche zielgerichtete Gesten, die auch bewusst wahrgenommen werden, also setzen Sie sie vorsichtig ein. Im linken Beispiel kannst man sich auch auf die Brust tippen - dies ist der wohl intensivste ZAD („Zeig auf dich selbst"). Auch die Hand auf die zu Brust legen und mit einem Finger dieser Hand zu tippen ist eine Möglichkeit.

5-8: Das ist der halbbewusste Bereich: Gesten, die noch deutlich genug sind, aber vom kritischen Bewusstsein so gut wie nicht wahrgenommen werden.

9-11: Gesten in der Ruheposition, die sich am besten beim Zuhören eignen (da es sehr merkwürdig wäre, wenn man sich die ganze Zeit auf die

Brust zeigen würde, während man über die positiven Werte des Gegenübers spricht). Hier wurde zwar das Bewegungsmoment herausgenommen, doch die Intensität mit einzelnen Fingern oder Gegenständen wieder ausgeglichen.

12: Eine Hand zeigt auf Sie, die andere auf den Gesprächspartner. Diese können Sie benutzen, wenn es nicht um einzelne Personen oder Gegenstände geht, sondern die Beziehung zwischen Personen auf Sie beide gebunden werden soll. Auch in Bewegung möglich, mit einer Hand abwechselnd vorne, dann die andere.

Nachdem Sie den Bereich der großteils unbewussten und flüchtigen Gesten kennen gelernt haben fokussieren wir uns nun im nächsten Kapitel auf die Signale, die wir mit unserem Gesicht senden: der Mikromimik.

Mimik

In den 1960er Jahren entwickelte der bekannte Psychologe Silvan Tomkins die sogenannte „Facial Feedback Theorie". Diese zeigt, dass unser eigenes emotionales Empfinden auch von der Mimik abhängig ist. Infolgedessen können wir unsere Emotionen und die anderer Menschen auch über unsere Mimik steuern. Wir können also nicht nur lachen, weil wir uns gut fühlen, sondern uns selbst gute Gefühle machen, *indem* wir lachen! Über die Spiegelneuronen überträgt sich diese Emotion zudem noch auf andere Menschen. Dies ist dann auch die wissenschaftliche Begründung dafür, weshalb in Werbeprospekten stets lachende Gesichter zu sehen sind.

Die Mimik eines jeden Menschen ist individuell geprägt vom persönlichen Erfahrungshintergrund. So zeigen sich im Gesicht häufig bestimmte Ticks und kleinere Neurosen, die als Anker für Glaubenssätze, Verhaltensmuster und Emotionen verstanden werden können. Wichtig ist es, bei der Analyse und Interpretation der Beobachtungen stets auf die wiederholte Handlung (z.B. den immer gleichen Gesichtsausdruck) bei demselben Thema zu achten, um eine echte Verknüpfung feststellen zu können. Zudem sollte besonders in diesem Bereich vor der Projektion eigener Erfahrungen gewarnt werden. Wir sind unser Leben lang darauf trainiert worden, die Mimik anderer Menschen zu deuten. Obwohl unsere Interpretation jedoch nicht immer zielführend zu sein vermag, haben wir keine andere Wahl, als uns die schlechten Einschätzungen schön zu reden.

Mikromimik

Mikroexpressionen, auch Mikromimik genannt, sind flüchtige Gesichtsausdrücke, die Sekundenbruchteile dauern. Sie treten immer auf, wenn Emotionen empfunden werden. Selbst dann, wenn versucht wird Gedanken und Gefühle zu kontrollieren oder zu verbergen. Zum ersten Mal wurden Mikroexpressionen von Haggard und Isaacs in einer Studie von 1966 beschrieben. Weitläufig bekannt wurden sie durch die Arbeit von Paul Ekman, der 1976 auch das Kodierungssystem FACS entwickelte, mit dem sich diese nur Sekundenbruchteile andauernden Gesichtsausdrücke mit etwas Übung relativ leicht analysieren lassen.

Das Besondere an der Mikromimik ist, dass die sieben beobachtbaren Grundemotionen in allen Kulturen, unabhängig vom sozialen Hintergrund, vorzufinden sind. Sie sind quasi „angeboren" und Teil unserer „Hardware".

Diese sieben universellen Emotionen sind:
- Ekel
- Ärger
- Angst
- Traurigkeit
- Freude
- Überraschung
- Geringschätzung

Gerade im Seminarkontext werde ich immer wieder mit der Frage konfrontiert, wieso es so viele universelle negative Gefühle gibt und nur so wenig positive Emotionen wie Glück oder Liebe.

Besonders hervorheben möchte ich an dieser Stelle deshalb, dass Paul Ekman zudem 16 positive Emotionen auflistet, die zwar nicht mit der Genauigkeit der sieben oben genannten messbar sind, jedoch ebenso sehr häufig und mit gleichem Ausdruck vorkommen. Dazu gesellen sich allerdings weitaus mehr: die fünf Formen sinnlichen Genießens, Belustigtsein, Zufriedenheit, Erregung, Erleichterung, staunende Ergriffenheit, Ekstase, *fiero*, *nácheß*, das Empfinden eines erhebenden Gefühls, Dankbarkeit und Schadenfeude. *Nácheß* beschreibt die Emotion von übermäßigem Stolz und Zufriedenheit, meist über die Leistung des eigenen Kindes. *Fiero* sind wir beispielsweise, wenn wir die Lösung für eine schwierige Denkaufgabe gelöst haben.

Wie Sie bereits wissen sind Mikrogesten flüchtige Gesten, die dann auftreten, wenn die betroffene Person ihre Emotionen zu dämmen oder zu unterdrücken versucht. Wenn dies scheitert, wird die Emotion sehr schnell im ganzen Gesicht in Form der Mikromimik erkennbar. Dabei ist nie so recht klar, warum und wie sie versteckt wurden. Dies kann das Resultat einer absichtlichen und bewussten Entscheidung sein, einer anderen Person seine Gefühle nicht zu zeigen, selbst wenn man gerührt ist, aber geschieht meistens unbewusst.

Die Meister der Mikromimik nehmen die kleinsten Fragmente der Körpersprache wahr, um etwas Bestimmtes herausfinden zu können. Anschließend suchen sie nach weiteren Informationen, bevor die betroffene Person als Lügner dargestellt wird. Es kommt nämlich immer auf den Kontext der Kommunikation an und je nach Situation kann dieselbe Geste eine andere Bedeutung haben.

Die nun folgenden Bilder sollen Ihnen als Wegweiser dienen um die Mikromimik Ihrer Mitmenschen besser deuten zu können.

Mikromimik: Freude

Merkmale:

- Mundwinkel gehoben
- Obere Augenlider hängen leicht hinab

Mikromimik: Wut

Merkmale:

- Augenbrauen unten und zusammen
- Augen starren
- Zusammenziehen der Lippen

Mikromimik: Geringschätzung

Merkmale:

- Lippen auf einer Seite zusammengezogen und leicht angehoben
- Nur auf einer Gesichtshälfte

Mikromimik: Überraschung

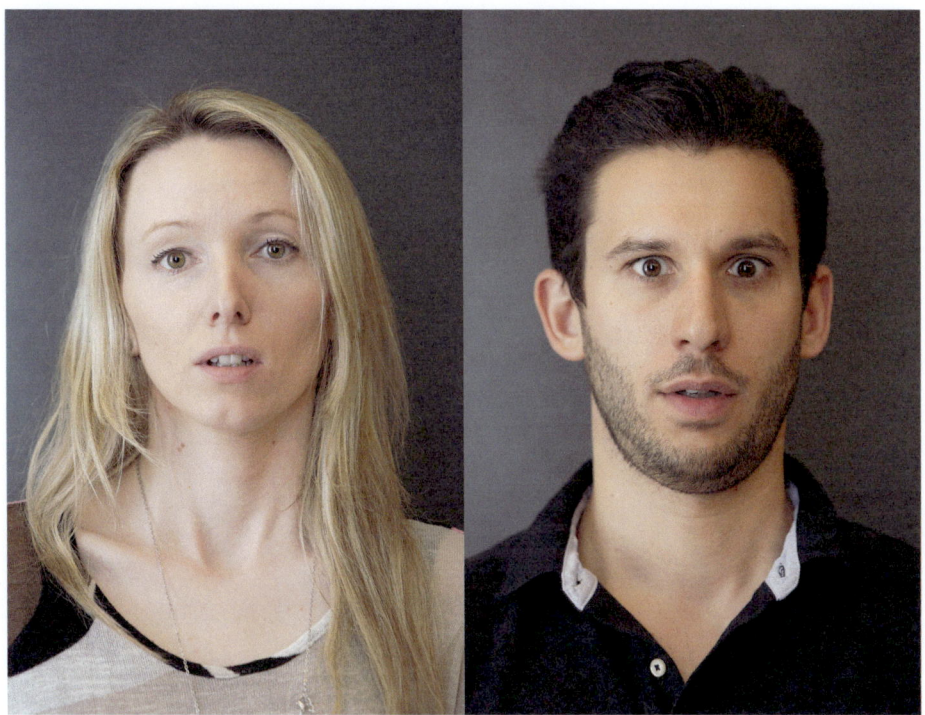

Merkmale:

- Dauert nur einen besonders kurzen Moment an
- Augenbrauen gehoben
- Augen geweitet
- Mund leicht geöffnet

Mikromimik: Ekel

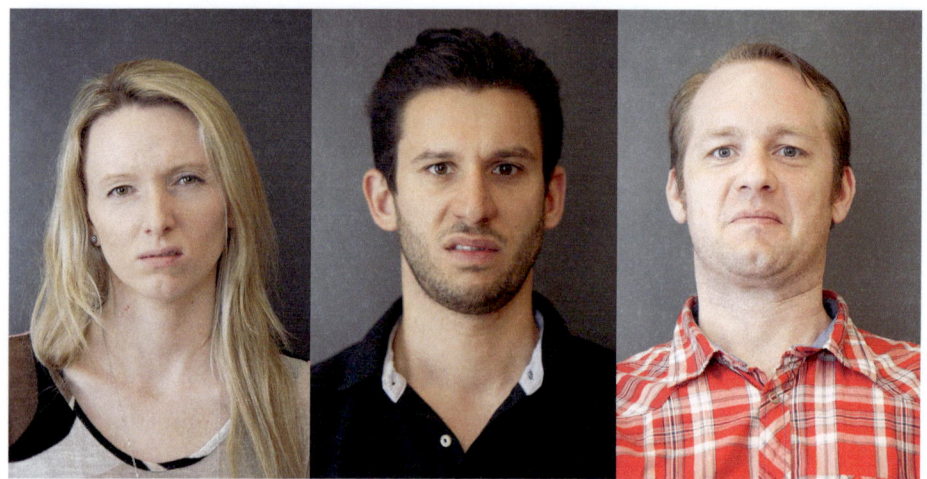

Merkmale:

- Nase gerümpft
- Obere Lippe gehoben

Mikromimik: Trauer

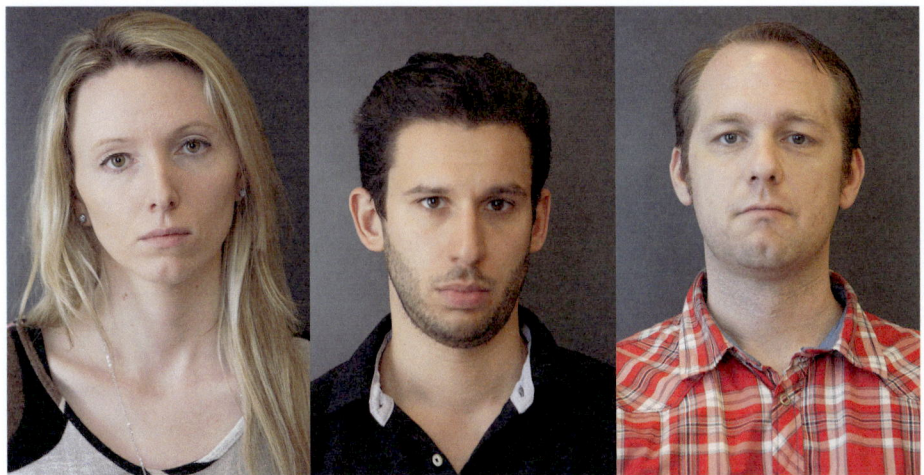

Merkmale:

- Obere Augenlider hängen lose nach unten
- Der Fokus in den Augen verliert sich
- Die Ecken der Lippen gehen leicht nach unten

Mikromimik: Angst

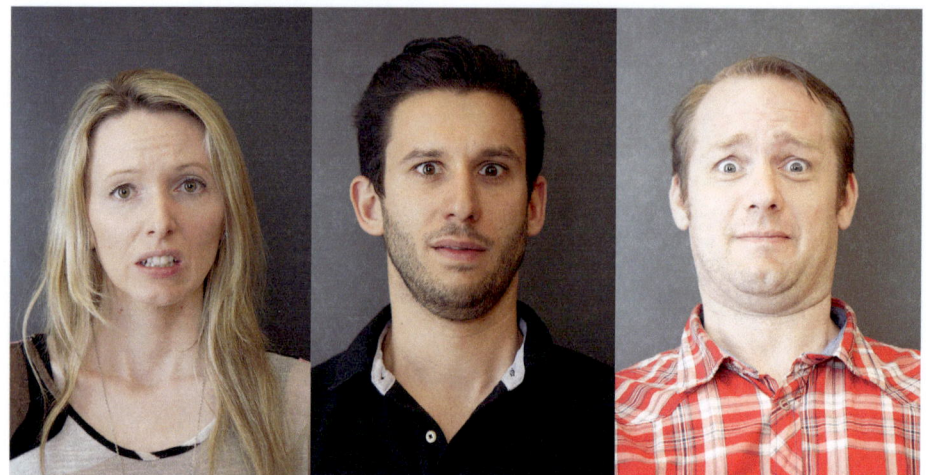

Merkmale:

- Augenbrauen sind erhoben und gehen zusammen
- Obere Augenlider gehoben
- Untere Augelider angespannt
- Lippen leicht angespannt und horizontal nach hinten zu den Ohren gezogen

Training für Fortgeschrittene

Um ein Meister der Mikromimik zu werden, müssen Sie die kleinsten Aspekte der Körpersprache verstehen und im richtigen situativen Kontext deuten können. Es gibt vielerorts hierfür spezielle **Trainingskurse**, bei welchen Sie beginnen können, die Kunst der Körpersprache zu meistern.

Aber auch online gibt es Trainingsmethoden: das METT (engl. für Micro Expression Training Tool) wird dazu benutzt, um Lügen leichter zu entlarven, um Personen zu entspannen, um von anderen Personen stärker gemocht zu werden und auch, um die Verkäufe eines Produktes zu steigern. Doch auch wenn alle Bemühungen unternommen werden, um Emotionen zu verstecken, so gibt es doch nur sehr schwer zu versteckende Emotionsfragmente, wodurch einige Emotionen sichtbar werden können. Diese können dann auftreten, wenn eine Person bereits emotional berührt ist, bevor sie überhaupt entsprechend emotional agiert. Das METT wird dazu genutzt, um Leute für diese bemerkenswerten Anzeichen zu trainieren.

Das FACS (engl. für Facial Action Coding System) ist ein wissenschaftliches Werkzeug, welches bei der Untersuchung von menschlichen Gesichtsmimiken Verwendung findet. Es ist ein auf der Anatomie des Menschen beruhendes System, welches die sichtbaren Gesichtsbewegungen beschreibt. Jede sichtbare Komponente einer Gesichtsbewegung wird als AU (engl. für Action Unit) genannt. Alle Gesichtsmimiken können in ihre einzelnen Action Units aufgeteilt werden.

Das METT umfasst durch zweierlei Trainingsmethoden auch die Erkennung von versteckten Emotionen. Die erste Methode ist im Wesentlichen eine Zeitlupe. So werden Emotionen verglichen und gegenübergestellt, die oft miteinander verwechselt werden. Diese Emotionen sind Angst und Überraschung; Angst und Traurigkeit; Wut und Abscheu. Dabei werden Kommentare geliefert, wie sich die jeweiligen Emotionen voneinander unterscheiden. Dies ist besonders für Betroffene des Asperger Syndroms und für Autisten interessant.

Das SETT (engl. für Subtle Expression Training Tool) lehrt die Erkennung von sehr kleinen Anzeichen von Mikro-Emotionen. Dies sind die kleinstmöglichen Emotionen, die in einem Bereich Ihres Gesichts bemerkbar sind, aber definitiv zu klein sind, um sie selbst zu bemerken. Diese subtilen Emotionen können aus vielerlei Gründen auftauchen. Ein Grund kann sein, dass die erlebte Emotion nur sehr sanfter Natur ist. Auch treten diese kleinen Emotionen dann auf, wenn eine Emotion gerade erst empfunden wird und sie nach und nach an Stärke zunimmt.

Meistens geschehen sie dann, wenn starke Emotionen wahrgenommen werden, diese aber bewusst unterdrückt werden. Das einzige Anzeichen sind dann Fragmente der kompletten Emotion. Die SETT Trainingsmethode wurde entwickelt, um Menschen auch nur die kleinsten Emotionssignale erkennen zu lassen.

Nur die wenigsten Menschen nehmen Mikroexpressionen wahr, weder an sich noch an anderen. Das Wizards-Projekt, geleitet von Ekman und O'Sullivan, sollte die Täuschungsfähigkeit von Menschen untersuchen. Von den mehreren Tausend getesteten Teilnehmern waren nur einige wenige (5 von 2.000) in der Lage zu erkennen, ob jemand lügt.

Es gibt jedoch die Möglichkeit, die grundlegenden Techniken der FACS online zu erlernen. Viele Menschen verbessern ihre Wahrnehmung der Mikromimik durch etwas Training mit diesem Online-Programm deutlich. Es besteht somit eine gute Chance, dass Sie ein Meister der Mikromimik werden, wenn Sie diese Trainingswerkzeuge in Kombination mit einem professionellen Workshop – etwa einer NLP Ausbildung mit einem Schwerpunkt auf Körpersprache - nutzen.

Etwa 85% aller Menschen sind in der Lage, mithilfe der genannten Trainingsmethoden und Werkzeuge ihre Wahrnehmung von Mikromimik und subtilen Gesten zu erweitern.

NLP Ausbildungen mit Schwerpunkt auf Körpersprache:
www.ZHI.at

Mikromimik Online-Training (METT):
face.paulekman.com

Zusammenfassung

Die Körpersprache ist die sichtbare Zurschaustellung der Emotionen einer Person. So wird das Verschränken der Arme als Aufbau einer unterbewussten Barriere zwischen einer Person und ihrem Gegenüber verstanden, um sich in Schutz zu wiegen oder eine gewisse Distanz zu dieser Person beizubehalten. In einer freundschaftlichen Situation und Umgebung kann diese Geste allerdings auch als Zeichen der Nachdenklichkeit gewertet werden. In einer Debatte oder ernsten Situation bedeutet diese Geste hingegen, dass diese Person eine gegensätzliche Meinung oder Ansicht vertritt.

Der Schlüssel zum Verständnis der Körpersprache einer Person liegt darin, dieser Person genau zuzuhören und dabei auf die emotionale Verfassung dieser Person zu achten. Dies beinhaltet auch die Wahrnehmung der Umgebung des Sprechenden. Wenn jemand anderen Personen gegenüber offen oder empfänglich ist, so kann dies als Zeichen dafür gesehen werden, dass dieser Zuhörer in der Lage ist, die Körpersprache des Sprechenden zu erfassen beziehungsweise die Hinweise in Verbindung mit dem Gesagten zu vergleichen.

Die Deutung von Körpersprache und Mikromimik ist damit immer kontextbezogen – also vom jeweiligen Moment abhängig – und es gibt keine allgemein gültigen Aussagen. Dasselbe Verhalten kann in zwei verschiedenen Momenten unterschiedlich interpretiert werden.

Offen oder empfänglich gegenüber anderen Personen zu sein bedeutet nichts anderes als Gegensätze zwischen dem Gesagten und der angewandten Körpersprache erfassen und diese analysieren zu können. Die Fähigkeit, die Gedanken und die Ansichten anderer Personen über deren

Verhalten zu verstehen, war die ursprüngliche Kommunikationsform der Menschen, bevor diese Sprachsysteme entwickelten.

Die Körpersprache ist ein Produkt sowohl aus dem persönlichen Umfeld einer Person als auch aus ihrem Genpool. Selbst blinde Kinder werden lächeln und lachen, selbst wenn Sie noch nie zuvor eine Person lächeln oder lachen gesehen haben. Die Körpersprache ist auch ein wichtiger Bestandteil in der Soziologie. Verschiedene Sprachen haben verschiedene Körpersprachen und Gesichtsgesten entwickelt. Die meisten genetischen, also angeborenen, Gesten oder Signale werden dabei weltweit verstanden. Die erworbenen Gesten hängen dabei stark von der Kultur ab, in welcher eine Person aufgewachsen ist. So wird ein Zusammenziehen der Augenbrauen in Kombination mit der Faltenbildung auf der Stirn als Argwohn oder Zorn angesehen oder ein Lächeln global als positiv empfunden.

Die Körpersprache ist enorm wichtig, da diese selbst noch stärker als das gesprochene Wort ist. Die Art und Weise wie eine Person kommuniziert, entscheidet maßgeblich über den ersten Eindruck, den diese Person vermittelt. Dazu gehören die Körperhaltung, der Händedruck und sogar die getragene Kleidung.

Es gibt keinen Zweifel daran, dass 90% der weltweiten politischen Führer große Redner waren. Die meisten Unternehmer gehören ebenfalls zu großen Rednern, da sie überzeugende Präsentationen abliefern können. Sie alle verfügen über die Fähigkeit, in der Öffentlichkeit beziehungsweise vor großen Menschenmassen frei zu reden.

Wenn Sie eine Nachricht professionell vermitteln möchten, stellen Sie zunächst sicher, dass Sie sich vernünftig positionieren. Stehen Sie aufrecht, nutzen Sie eine großzügige und offene Körpersprache, halten Sie den Augenkontakt mit Ihrem Publikum oder Ihren Gesprächspartnern und üben Sie beim Händeschütteln einen gewissen Druck aus. Natürlich sollte auch Ihre Kleidung der Situation angepasst sein und einwandfrei sitzen. Ihre Stimme muss überzeugt und zuversichtlich klingen, um Vertrauen aufzubauen.

Nachwort

Mit dieser vorliegenden Einführung in das Thema Körpersprache war ich bemüht, kurz die Besonderheiten der Mikromimik zu beschreiben und einen praktischen Ansatz zur Anwendung im Berufsleben wie auch im Alltag von Privatpersonen zu bieten. Ich hoffe, Sie haben damit neue Möglichkeiten kennen gelernt, um Ihre eigenen Emotionen, Ihr Verhalten und die Botschaften, die Sie senden und empfangen, besser zu deuten, besser zu verstehen und einfach besser zu kommunizieren. Ich hoffe, ich konnte Ihr Interesse an der Anwendung rhetorischer Techniken wecken oder es weiter zu steigern. Das Wichtigste beim Lesen von Körpersprache und dem gezielten Einsetzen derselben ist jedoch die Praxis, da Kommunikation immer kontextbezogen stattfindet.

Besonders freuen würde ich mich deshalb, Sie persönlich in einer meiner Ausbildungen kennen zu lernen. Sie haben auch die Möglichkeit, der Facebook Gruppe beizutreten und auf meinem YouTube Channel vorbeizuschauen. Ich stelle laufend und kostenlos spannende Informationen und Videos rund um die Themen Körpersprache und Kommunikation online. Alle Infos dazu finden Sie im Anhang. Gerne bin ich für Fragen, Feedback und Anregungen offen. Sie erreichen mich jederzeit über das Kontaktformular meiner Website auf **www.ZHI.at**

Zum Abschluss wünsche ich Ihnen nochmals viel Freude mit diesem kleinen Buch, das Ihnen hoffentlich auch in Zukunft als Nachschlagewerk dienen darf.

Alles Liebe,
Ihr Benedikt Ahlfeld

Ausbildungen

Möchten Sie Körpersprache und NLP praktisch anwenden und sich privat wie beruflich weiterentwickeln? Dann informieren Sie sich gleich jetzt über die Möglichkeiten zum Besuch unserer **Ausbildungen** auf **www.ZHI.at**

- **Körpersprache und Rhetorik Ausbildungen**

- **NLP Kurse**

- **Hypnose Ausbildungen**

- **Business Trainings**

GUTSCHEIN

Gegen Vorlage der Rechnung für dieses Buch erhalten Sie einen Wertgutschein i.H.v. 100% für eine Ausbildung oder ein Produkt Ihrer Wahl bei **www.ZHI.at**

Völlig **kostenloses Material** erhalten Sie zusätzlich, indem Sie sich in unseren **Coaching Brief** eintragen auf www.CoachingBrief.net

Ebenfalls finden Sie über diese **Facebook-Fanseite** viele spannende Informationen zum Thema Manipulation und Kommunikation: **www.Facebook.com/NLPlernen**

Über den Autor

Benedikt Ahlfeld unterstützt Menschen bei der Entdeckung und Umsetzung ihrer ganz persönlichen Lebenswünsche. Mit seiner ansteckenden Energie begleitet er auf dem Weg zur Selbstbestimmung. So hat er in den letzten Jahren bei vielen Menschen direkt dazu beigetragen, Veränderungen als Chance wahrzunehmen und ihr Leben nach den eigenen Visionen zu gestalten. Benedikt schafft dabei mit seiner außergewöhnlichen Denkweise ganz neue Ressourcen und Möglichkeiten, die die Grenzen des eigenen Verstandes erweitern und den Leitsatz „Souverän denken. Frei leben." neu definieren.

So eigen wie die Definition der persönlichen Wünsche, so unterschiedlich sind auch die Tools für anhaltende, positive Veränderung. Benedikt unterstützt als Trainer im Business und Privatleben bei kleinen und großen Fragen und gestaltet das richtige Umfeld für wert-volle Entwicklung. Damit setzen Sie Ihre Ressourcen konsequent ein und entfalten Ihr Potential nachhaltig.

Entdecken Sie die emotionalen Auslöser, die Sie dabei unterstützen, sich selbst und andere zu beeinflussen oder sich vor Manipulation zu schützen und erfahren Sie aus erster Hand, welche Möglichkeiten Ihnen offen stehen, um ein Leben nach eigenem Standard zu verwirklichen:

www.ZHI.at

Buchempfehlung: Körpersprache & NLP

Erfolgreich nonverbal kommunizieren

Die Art, wie du denkst, beeinflusst deinen Körper. Wie du deinen Körper nutzt, beeinflusst deine Art zu denken. Bist du bereit, die bestmögliche Wirkung auf dein Gegenüber und auch für dich selbst zu erzielen? Verbale Kommunikation beschäftigt sich mit dem Ausdruck unserer Gedanken, nonverbale Kommunikation behandelt den Eindruck, den wir hinterlassen. Das was wirklich bei deinem Gegenüber  ankommt. Dieses Buch wurde für dich geschrieben, wenn du in einem deiner Lebensbereiche mit Kommunikation zu tun hast. Natürlich wird dir schnell auffallen: Leben ist Kommunikation.

Das ist auch logisch, denn du kannst nicht nicht kommunizieren. Die Frage ist vielmehr:  Was willst du kommunizieren? Um sicherzustellen, dass deine Botschaft ankommt, sollte das Hauptaugenmerk auf dem nonverbalen Eindruck liegen – immerhin macht dieser 95% der Kommunikation aus! NLP & Körpersprache deckt inhaltlich eine Einführung in einen NLP-Practitioner ab und bietet mehr als zwanzig Übungen, die du sofort durchführen kannst. Lerne die praktische Anwendung im Beruf, dem privaten Alltag und beim Flirten von:

- Rapport und ankern
- Repräsentationssysteme und Submodalitäten
- Meta- und Milton-Modell
- Reframing und Verhaltensstrategien
- Werte und Glaubenssätze
- Trance und Gesprächshypnose

Wenn du selbst bestimmen möchtest, wie du auf andere wirkst und auch in bester Erinnerung bleibst, ist dieses Buch genau das Richtige für dich.

Jetzt bestellen auf www.KoerperSprache-NLP.com

Buchempfehlung: Manipulationsmethoden

Erfolgreiche Gesprächsführung, Mittel der Rhetorik und Schutz vor gezielter Beeinflussung

Wie schaffen es manche Menschen, andere scheinbar mühelos zu beeinflussen? Wie kannst du deine Rhetorik perfektionieren, um Ihre Ziele schneller zu erreichen? Manipulations-Methoden ist ein praxisnahes Handbuch der effektiven Gesprächsführung. Mit dem KGS (Körper – Gestik und Gesicht – Stimme und Sprache) Prinzip wird dich auf allen Ebenen der Beeinflussung überzeugen und das MPP (Meta-Programm-Profil) wird dich dazu befähigen, in wenigen Minuten ein komplettes Charakterprofil deines Gesprächspartners zu erstellen. Damit lernst du schnell und sicher, gezielt zu beeinflussen und kannst dich selbst vor Manipulation schützen.

- Wie lassen sich Menschen manipulieren?
- Welche Manipulationstechniken funktionieren wirklich?
- Ist die Manipulation von Menschen ohne deren Kenntnis überhaupt möglich?

Du lernst in diesem Buch unter anderem:

- Ein 6-Phasen-Modell, mit dem du Manipulationsversuche entlarven und dich vor ungewollter Beeinflussung schützen kannst.
- Techniken aus der Praxis, die Menschen emotional stark binden und zu neuen Handlungen motivieren: regelmäßig eingesetzt in der Werbung, den Medien und der Politik.
- Wie du die Macht der Farben für dich nutzbar machst und welche Wirkung hinter welchen Farben steckt. Enthülle ein echtes Geheimnis der subbewussten Kontrolle.
- Zudem erfährst du alles Nötige über Körpersprache, Mikromimik, Gruppendynamik und Wertesysteme, um auch mit mehreren Menschen gleichzeitig völlig unerkannt zu arbeiten.

Der Autor gibt dem Leser damit ein Nachschlagewerk für den täglichen Gebrauch an die Hand. Mit den rhetorischen Mitteln, erklärenden Grafiken und witzigen Metaphern werden auch Sie innerhalb kürzester Zeit verblüffende Ergebnisse erleben:

Jetzt bestellen auf www.ManipulationsMethoden.com
